ANALIZA KSIĄŻKI

AF132000

Fala

• • • • • • • • • • • • • •

TODD STRASSER

ANALIZA KSIĄŻKI

Napisany przez Florence Balthasar
Przetłumaczony przez Kâmil Kowalski

Fala

● ●

TODD STRASSER

TODD STRASSER

AMERYKAŃSKI POWIEŚCIOPISARZ I AUTOR OPOWIADAŃ

- **Urodził się w Nowym Jorku w 1950 roku.**

- **Godne uwagi prace:**
    - *Fala* (1981), powieść
    - *Give a Boy a Gun* (2000), powieść
    - *Can't Get There from Here* (2004), powieść

Urodzony w Nowym Jorku Todd Strasser w młodości podróżował po Europie, zanim wrócił do Stanów Zjednoczonych, aby studiować literaturę. Karierę rozpoczął od pisania artykułów i opowiadań dla The New Yorker i The New York Times, a jego pierwsza powieść, Angel Dust Blues, została opublikowana w 1978 roku. Jego książki są skierowane do młodych dorosłych czytelników i obejmują takie tematy, jak przemoc, problemy młodzieży i kwestie społeczne. Pracował także przy kilku adaptacjach filmowych, w tym Kevin sam w domu, Jumanji i Free Willy. Jego książka The Wave przyniosła mu światową sławę, a Help! odniosła ogromny sukces. Jestem w pułapce… (1993-2001).

FALA

HISTORIA INSPIROWANA PRAWDZIWYM ŻYCIEM

- **Gatunek:** powieść

- **Wydanie referencyjne:** Strasser, T. (2013) *The Wave*. New York: Ember.

- **1 wydanie:** 1981

- **Tematy:** eksperymenty, II wojna światowa, nazizm, władza, strach, dyktatura, ideologia, ekstremizm

The Wave została wydana w 1981 roku i jest oparta na prawdziwych wydarzeniach, które miały miejsce w 1967 roku w Cubberley High School w Palo Alto w Kalifornii. Nauczyciel historii Ron Jones rozpoczął eksperyment mający na celu wyjaśnienie funkcjonowania reżimu faszystowskiego i postawy niemieckiej opinii publicznej podczas II wojny światowej (1939-1945), ale jego eksperyment szybko stał się popularny wśród wierzących. Wydarzenia te były nieznane ogółowi społeczeństwa, dopóki nie powstał film telewizyjny, który zainspirował powieść Strassera. Wave sprzedała się w ponad milionie egzemplarzy w Europie i przez 20 lat był nauczana w niemieckich szkołach.

PODSUMOWANIE

NIETYPOWA LEKCJA HISTORII

W Gordon High School nauczyciel historii Ben Ross czeka na starszych uczniów, sfrustrowany ich punktualnością i widocznym lekceważeniem zadań domowych. Nauczyciel opowiada im o II wojnie światowej i pokazuje film dokumentalny o obozach koncentracyjnych. Po filmie uczniowie zastanawiają się, dlaczego zwykli Niemcy nie zrobili więcej, by powstrzymać okrucieństwa. Byli "skolonizowaną, uzbrojoną i niebezpieczną mniejszością" (s. 12), ale uczniowie nie wydają się przekonani. Żałuje, że nie mógł tego lepiej wyjaśnić i szuka jasnego wyjaśnienia, ale "odpowiedź nie jest nigdzie zapisana" (s. 28). Planuje więc eksperyment, który pomoże mu zrozumieć, co się stało.

Niektórzy uczniowie, jak Laurie, wciąż są wstrząśnięci filmem. Jej chłopak David uspokaja ją: "To zdarzyło się raz i świat wyciągnął wnioski. To się już nigdy nie powtórzy" (s. 21).

Kiedy następnego dnia uczniowie przychodzą na zajęcia, znajdują na tablicy następujące słowa: "Siła dzięki dyscyplinie" (s. 29). Ben wyjaśnia, że lekcje dotyczą sukcesu i siły i będą czymś, na co wszyscy będą zwracać uwagę. Podaję przykład, który daje tylko wyniki.

Następnie pokazuje im postawę, którą muszą przyjąć, a większość uczniów ją naśladuje. Następnie prosi ich o poruszanie się po klasie przed powrotem na swoje miejsca. Ich pierwsza próba jest chaotyczna, ale każe im powtarzać ćwiczenie, aż będą w stanie wykonać je w sposób uporządkowany. Następnie komplikuje zadanie, każąc im ustawić się w rzędzie.

Ustanawia nowe zasady i bierze przykład z Roberta, wyrzutka społecznego i borykającego się z problemami naukowymi. Zyskujący coraz większą popularność Robert pełni rolę ochroniarza Bena.

Ben wyjaśnia swoim uczniom, że podzielają dyscyplinę i społeczność oraz że są częścią ruchu. Kazał im powtórzyć slogan, a nawet wybrał logo. Fale reprezentujące zmianę, kierunek i ruch. "Fala" została również przyjęta jako nazwa zgromadzenia i uczy salutowania. Uczniowie są przytłoczeni "siłą" i "jednością" (s. 43).

Ben jest zaskoczony, gdy jego klasa stopniowo zamienia się w miejsce spokoju i dyscypliny. Niektórzy uczniowie, w tym Laurie i Brad, są początkowo niechętni, ale w końcu podążają za resztą grupy. Chłopak Laurie, David, próbuje przekonać ją do swojego entuzjazmu, ale ona nadal nie jest w pełni przekonana. Mówi rodzicom o eksperymencie i jej matka jest zaniepokojona: uważa, że to niebezpieczne, aby nauczyciel manipulował swoimi uczniami w ten sposób, a nawet zastanawia się, czy The Wave to rzeczywiście sekta.

Po zajęciach chłopcy zwykle idą na trening piłkarski, ale ich drużyna ciągle przegrywa. Postanawiają wyjaśnić zasady The Wave swoim kolegom z drużyny, z pozytywnym skutkiem.

W miarę jak coraz więcej osób przyłącza się do ruchu, fala stopniowo rozprzestrzenia się poza salę lekcyjną. Ku mojemu zdziwieniu Ben kończy zajęcia szybciej, a uczniowie są lepiej przygotowani. W domu omawia eksperyment z żoną Christy, która uczy w tej samej szkole. Martwi się wielkością społeczności, która zaczyna się rozszerzać poza lekcje historii, ale Ben jest podekscytowany.

Rozdaje karty członkowskie uczniom w klasie. Niektórzy są wyznaczani na obserwatorów, których zadaniem jest nadzorowanie grupy i czuwanie nad przestrzeganiem zasad. Dodaje też kolejne słowo do swojego hasła. Mówi im, aby zachowywali się "jak dobrze naoliwione maszyny" (s. 59). Studenci uwielbiają to nowe poczucie równości. Nie czując się komfortowo z eksperymentem, Rory omówił swoje obawy z kolegami z klasy, ale nie chcieli usłyszeć słowa przeciwko grupie.

W związku z rozwojem ruchu, Ben zostaje wezwany na spotkanie z dyrektorem Owensem, który żąda wyjaśnień. Ben wierzy, że dopóki on jest liderem, The Wave pozostanie pod kontrolą, ale dyrektor jest sceptyczny i ostrzega go przed niebezpieczeństwem utraty kontroli.

Na spotkaniu redakcyjnym szkolnej gazetki redaktorzy proszą Laurie o napisanie artykułu na temat ruchu. Kiedy następnego dnia trafia do newsroomu, znajduje anonimowy list, w którym opisane są przeżycia pewnego juniora, który był zastraszany przez członków The Wave.

EKSPERYMENT WYMYKA SIĘ SPOD KONTROLI

Zorganizowany zostaje wiec Wave, którego celem jest zwerbowanie innych studentów. Laurie nie chce brać w nim udziału, a kiedy David proponuje wspólne wyjście, odmawia. Jest zaskoczony jej reakcją i próbuje ją przekonać, ale ona mówi mu: "Tak bardzo zamierzasz stworzyć jakieś utopijne społeczeństwo Wave [...], że w ogóle tego nie widzisz" (s. 88). David zarzuca jej, że dystansuje się od ruchu, bo chce być inna niż wszyscy. W końcu zrywają ze sobą. Wkrótce dołączają do niej Carl i Alex, którzy zauważyli, że szkoła zaczyna przypominać obóz wojskowy. Proponują zorganizowanie spotkania awaryjnego, aby zakończyć bieżący numer.

Ben stopniowo zaczyna czuć się przytłoczony, gdy uczniowie zaczynają działać z własnej inicjatywy i wydawać rozkazy. Na przykład nazywają Bena "ostatecznym przywódcą The Wave" (s. 84).

Wieczorem dzwoni do niego ojciec Laurie. Zaniepokoił się, gdy dowiedział się, że żydowski uczeń w jego szkole został pobity za odmowę przyłączenia się do fali.

Sobota to dzień meczowy i Laurie chce porozmawiać ze swoją przyjaciółką Amy o najnowszych wydarzeniach. Jednak Brad blokuje jej drogę i nalega na odwzajemnienie pozdrowienia. Ona odmawia. Próbuje później ponownie porozmawiać z Amy, ale Amy twierdzi, że na jej poglądy na temat ruchu wpłynęło zerwanie z Davidem i że ich przyjaźń jest niezdrowa, ponieważ opiera się na nierówności.

Następnego dnia mamy spotkanie redakcyjne w Raleigh's, ale niektórzy redaktorzy boją się przyjść. Opublikowali specjalne wydanie zawierające anonimowy list, relację Carla o ataku na chłopca nazwanego "brudnym Żydem" (s. 97), wywiady z zaangażowanymi nauczycielami i rodzicami oraz streszczenie artykułu wstępnego Laurie.

Gazety sprzedają się szybko, pojawiają się nowe pogłoski i doniesienia o nadużyciach. Jednak członkowie The Wave nie chcą im uwierzyć i są przekonani, że gazeta kłamie. Robert jest szczególnie wrogo nastawiony do Laurie, którą postrzega jako "zagrożenie" (s. 104). David i Brian planują podjąć działania i przekonać Laurie, że popełniła błąd.

Redakcja jest zadowolona z sukcesu tego numeru. Jednak pewnego dnia Laurie późno wychodzi z biura i znajduje na jej szafce wymalowane słowo "Wróg" (str. 110). W pośpiechu opuszcza szkołę, czując, że jest śledzona. W drodze do domu David próbuje z nią porozmawiać, ale kiedy ona nie chce słuchać, traci panowanie nad sobą, a nawet atakuje ją, każąc jej przestać pisać artykuł. Jest zszokowany własnymi działaniami iw końcu zaczyna się niebezpieczeństwo Fali.

Ben czuje się tak, jakby eksperyment wymknął się spod kontroli. Tej nocy, Christy podnosi problemy spowodowane przez The Wave: uczniowie opuszczają zajęcia, The Wave "jest zakłócanie całej szkoły" (s. 106), skargi zostały złożone i psychologowie są coraz zaangażowani. Ona również mówi Benowi, że myśli, że się zmienił, stał się zbyt pochłonięty eksperymentem i musi przestać. Ben jednak odmawia, gdyż nie chce rezygnować z roli lidera.

Kiedy David i Laurie pukają do jego drzwi, Ben zdaje sobie sprawę, że udało mu się sprawić, by jego uczniowie zrozumieli strach i wymuszoną współpracę, jaka panowała podczas wojny. Laurie błaga go, by zakończył eksperyment. On obiecuje, że to zrobi, ale mówi jej, że muszą to utrzymać w tajemnicy.

Następnego dnia Ben został wezwany do gabinetu dyrektora i poprosił o spędzenie dnia na ukończeniu eksperymentu i zrozumieniu lekcji przez uczniów. Nawet dyrektor się zgadza. Na lekcji historii Ben ogłasza, że odbędzie się spotkanie dla wszystkich członków Fali, na którym zostaną ogłoszeni krajowi przywódcy ruchu. David i Laurie protestują, ale ich koledzy z klasy są zdenerwowani.

Gdy Ben wchodzi na scenę w audytorium, witają go uczniowie, którzy spontanicznie skandują hasła. W tle jest portret przywódcy, którego mogli mieć: Adolf Hitler (niemiecki przywódca, 1889-1945). Pokazuje, jak bardzo upodobnili się do nazistów, porzucili swoje zasady i nie zrobili nic, by uchronić swoich sąsiadów przed prześladowaniami. Następnie przeprasza, że pozwolił eksperymentowi zajść tak daleko, a uczniowie opuszczają pokój z dreszczami.

STUDIUM POSTACI

LAURIE SAUNDERS

Laurie jest seniorką o krótkich brązowych włosach. Jest inteligentna, energiczna i bardzo zaangażowana w życie szkoły: jest redaktorem naczelnym szkolnej gazetki. Jest w stałym związku z Davidem, bardzo blisko związana zarówno z najlepszą przyjaciółką Amy, jak i z rodzicami, przed którymi rzadko skrywa jakiekolwiek tajemnice. Jej ojciec jest kierownikiem wydziału, a matka kieruje okręgową Ligą Kobiet Wyborców. Jej matka jest naturalnie zmartwiona i natychmiast martwi się o eksperyment, kiedy jej córka porusza go w domu.

Na początku eksperymentu Laurie jest sceptycznie nastawiona do fali, ale początkowo zgadza się z nią, ponieważ wydaje się w zasadzie nieszkodliwa. Szczególnie martwi ją reakcja jej kolegów z klasy, którzy oddają się powiązanym czynnościom. Jestem pewien, że tak) ale Amy, która jest mądrą dziewczyną, mówi również, że nie rozumie, dlaczego została zatrzymana.

Zajmuje więc krytyczne stanowisko wobec ruchu i zaczyna się od niego dystansować, mimo presji rówieśników i cienko zawoalowanych gróźb pozostałych członków. Schronienie znajduje w swojej pracy dla gazety, która skupia przeciwników The Wave. Jako redaktor naczelny jest naturalnym celem, ale jej pozycja daje jej również możliwość podzielenia się swoimi obawami i potępienia skrajności, do których ruch i jego członkowie są gotowi się posunąć. Specjalne wydanie gazety wywołuje poruszenie w szkole, ale także prowadzi do kłótni i sprawia, że dziewczyna obawia się o swoje bezpieczeństwo.

Laurie jest jedną z nielicznych uczennic obserwujących ruch, który narasta i ostatecznie wymyka się spod kontroli. Stara się uświadamiać innych o grożącym mu niebezpieczeństwie, na przykład rozmawiając z nauczycielami lub wydając specjalne wydania gazet. Jest gotowa zaryzykować, by bronić swoich ideałów, więc reprezentuje aktywny i oddany opór. Nie bez powodu pisze w szkolnej gazetce: Symbolizuje wolność słowa, której w czasie wojny często bronią media.

AMY SMITH

Amy jest najlepszą przyjaciółką Laurie, ale zawsze czuła, że jest w jej cieniu i że z trudem dotrzymuje jej kroku. Jest jednak inteligentna i konwencjonalnie atrakcyjna, ma blond włosy i szczupłą sylwetkę. Zazdrości Laurie i Davidowi ich związku i jest zainteresowana Brianem.

Między dwiema dziewczynami toczy się pewnego rodzaju rywalizacja, a wraz z powstaniem The Wave zaczynają się oddalać, dopóki Amy Laurie nie powie jej, co czuje. Możesz wyjść z cienia i żyć tak, jak chcesz. Mówi Laurie: "Nie jesteś już księżniczką" (s. 100) i wspiera The Wave na rzecz równości wszystkich uczniów.

Jest oszołomiona nowo odkrytym poczuciem wolności i tak szczęśliwa z przynależności do grupy, że przymyka oko na wszelkie możliwe nadużycia. Uświadamia sobie swój błąd dopiero wtedy, gdy Ben ujawnia, kto mógł być przywódcą ruchu.

Wielu Niemców było takich jak ona w latach dwudziestych: byli rozczarowani i niezadowoleni z życia, więc zwrócili się w stronę nazizmu.

BEN ROSS

Ben jest niezdarnym nauczycielem historii z falującymi brązowymi włosami. Założyciel Fali. Jest żonaty z Christy, która uczy muzyki i udziela lekcji śpiewu w tym samym liceum. Jest lubiany przez swoich uczniów, ale nie wszyscy jego koledzy nauczyciele są do niego przekonani. Jedni doceniają "jego energię, poświęcenie, kreatywność" (s. 5) i chęć praktycznego nauczania historii, inni uważają go za zbyt młodego i naiwnego. Bardzo emocjonalnie angażuje się w nauczane przez siebie przedmioty ("Jak, u licha, ktoś mógł coś takiego zrobić? Świat istnieje" (s. 27). W pełni pogrążony w eksperymencie, w pełni przejmuje rolę lidera. zdaje sobie sprawę, że posunął się za daleko, ale zrobił to ze względów edukacyjnych. Chciał, aby jego uczniowie zrozumieli i nigdy nie zapomnieli.

ROBERT BILLINGS

Robert jest "klasowym nieudacznikiem" (s. 6). Ma nieładny wygląd i często zasypia na lekcjach, co zwraca uwagę Bena. Często jest sam, a inni uczniowie uważają go za "dziwnego" (s. 18). Ma pretensje do swojego starszego brata, który uczęszczał do tej samej szkoły i był świetnym uczniem i utalentowanym sportowcem.

Robert przechodzi transformację, gdy Ben stawia go jako dobry przykład dla reszty Fali. Wychodzi ze swojej skorupy, nabiera pewności siebie, w końcu wtapia się w grupę i zaczyna działać z własnej inicjatywy. Wkrótce zostaje ochroniarzem Bena. Traktuje ruch bardzo poważnie, rzuca się w niego i pozytywnie reaguje na wszelkie zastrzeżenia, bo czuje się "częścią czegoś szczególnego" (s. 83). Jest zdeterminowany, aby utrzymać ruch, który tak wiele mu pomógł, nawet jeśli oznacza to uciekanie się do przemocy. Pod koniec eksperymentu jest zdruzgotany utratą wszystkiego, co zyskał. Na szczęście Ben jest tam, aby go wspierać.

Poczucie równości i wspólnoty, jakie niesie ze sobą ruch, jest wyjątkową szansą dla kogoś takiego jak Robert. Ma nadzieję, że ruch będzie się rozwijał lub w ogóle skończy.

DAVID COLLINS

David jest wysokim, przystojnym piłkarzem i wieloletnim chłopakiem Laurie. Jest blisko rodziny Laurie, ale stopniowo oddala się od niej, gdy Fala nabiera rozpędu. Wierzy, że może zastosować zasady ruchu w innych dziedzinach życia, takich jak sport: na przykład widzi w nim sposób na zakończenie passy porażek swojej drużyny piłkarskiej. Nie może zrozumieć, dlaczego Laurie decyduje się zachować dystans wobec ruchu. Dopiero podczas gwałtownej kłótni z nią uświadamia sobie, że Fala może być niebezpieczna.

Osoby takie jak on przekonują się do ducha zespołowego i dyscypliny, które są centralnym elementem ruchu, ponieważ stanowią drogę do sukcesu i doskonałości. Podobnie jak Robert, David pozwala, by jego pragnienie zachowania

The Wave wzięło górę nad nim i staje się agresywny. Po tym epizodzie jest zszokowany własnym zachowaniem i odwraca się od ruchu.

BRAD

Brad jest jednym z uczniów w klasie Bena, nie jest ani szczególnie popularny, ani nie jest wyrzutkiem społecznym. Przed The Wave, "szczególnie lubi" dręczyć Roberta (s. 7).

Na początku nie podobał mu się ten ruch i podobnie jak Laurie nie czuł się z nim komfortowo. W końcu uległ presji rówieśników i dołączył do grupy, następnie aktywnie uczestniczył w rekrutacji nowych członków i obserwowaniu tłumów na meczach piłki nożnej. Jednak w rozmowie z Laurie ujawnił swoje wątpliwości co do ruchu, wykonuje polecenia, nie do końca w to wierząc: "Cóż, tak zdecydowali, Laurie" (s. 95). Mimo swoich zastrzeżeń towarzyszy reszcie grupy, nie zastanawiając się zbytnio nad tym, co robi. Nie jest przeciwny temu posunięciu, ale też nie do końca się z nim zgadza.

Choć nie był przekonany co do idei i celów ruchu, Brad został członkiem i nie kwestionował jego wytycznych. Podatny na: Jak zauważyli psychologowie, tacy jak Solomon Asch (1907-1996) i Stanley Milgram (1933-1996), uległ presji i autorytetowi rówieśników. W Niemczech w latach dwudziestych i trzydziestych wielu ludzi, takich jak on, po prostu robiło to, co im kazano i nie kwestionowało rozkazów.

CARL BLOCK I ALEX COOPER

Carl Block i Alex Cooper są reporterem śledczym i krytykiem muzycznym gazety. Carl jest wysoki, blond i szczupły, podczas gdy Alex ma brązowe włosy i większą budowę, i nigdzie nie rusza się bez swojego Walkmana. Dołączają do oporu Laurie i demaskują ekscesy The Wave w specjalnym wydaniu szkolnej gazety. Reprezentują wolną i krytyczną prasę. Nigdy nie dołączyli do The Wave i wyraźnie ustawili się obok Laurie jako część ruchu oporu. Podobnie jak oni, wielu przeciwników nazistów było od początku przeciwko nim.

DYREKTOR OWENS

Dyrektor Owens jest wysoki i łysy. Choć jest otwarty na innowacje, ma mieszane uczucia co do eksperymentu: wie, że nie łamie on żadnych zasad, ale mimo to jest wobec niego ostrożny. Kiedy eksperyment zaczyna się nie udawać, nakazuje Benowi zakończyć go lub zrezygnować.

ANONIMOWY AUTOR LISTÓW

Postać ma znaczenie tylko ze względu na reakcję, jaką wywołuje w Laurie, ponieważ ich list pozwala jej zrozumieć, że nie jest osamotniona w swojej ostrożności wobec Fali. Opór może być pasywny.

Na przykład osoby fizyczne mogą odmówić przyłączenia się do ruchu lub zgłosić to anonimowo. Ludzie tacy jak autor listu obawiają się potencjalnych konsekwencji publicznego sprzeciwu, więc ich opór przybiera formę trzymania się z dala od ruchu i podejmowania drobnych aktów buntu. Milczenie i obojętność to być może najczęstsze reakcje w takich sytuacjach i kolejna reakcja na totalitaryzm.

ANALIZA

NAZIZM

Dojście Hitlera do władzy

Po I wojnie światowej (1914-1918) Adolf Hitler wstąpił do Niemieckiej Partii Robotniczej, stosunkowo niewielkiej partii, która później przekształciła się w Narodowo-Socjalistyczną Niemiecką Partię Robotniczą, czyli Partię Nazistowską. Był charyzmatycznym mówcą i udało mu się przekonać członków partii do wyznaczenia go na przywódcę w 1921 roku. Po nieudanej próbie zamachu stanu w 1923 roku zademonstrował polityczne przekonanie i swoją ideologię w Mein Kampf (1925), przedstawiając nacjonalizm jako klucz do odrodzenia Niemiec. W jego oczach rasa germańska i aryjska (czyli członkowie tej rasy byli wysocy i jasnowłosi), przewyższająca inne rasy (żydowską, murzyńską, słowiańską).

Dojście Hitlera do władzy można przynajmniej częściowo wytłumaczyć kontekstem ekonomicznym i społecznym. Niemcy zostały poważnie osłabione przez I wojnę światową, a traktat wersalski (1919) zmusił Niemcy do wypłaty reparacji wojennych zwycięzcom i odebrania części terytoriów (zwłaszcza przyznanej Niemcom Alzacji i Lotaryngii). Francja), był to cios do Niemiec. W następstwie krachu na Wall Street w 1929 roku bezrobocie gwałtownie wzrosło, a produkcja i ceny spadły. Podobnie jak Hitler, Ben wykorzystuje bieżące wydarzenia (rosnąca inflacja, bezrobocie i przestępczość), aby zjednoczyć swoich uczniów i zachęcić ich do przyłączenia się do ruchu.

W 1933 Hitler został kanclerzem. W ciągu zaledwie kilku miesięcy założył III Rzeszę i ogłosił się Führerem ("Przewodnik"). Zlikwidował wszelką opozycję polityczną, zamienił Niemcy w państwo jednopartyjne, użył grup zbrojnych (Gestapo i SS) do utrzymania porządku, odbywania obowiązkowej służby wojskowej i tworzenia nowych miejsc pracy w przemyśle zbrojeniowym. Członkowie tzw. "niższej" rasy byli prześladowani, a propaganda wykorzystywana do prania mózgów (sztuka i media są kontrolowane przez państwo).

Historycy badali brak reakcji zwykłych Niemców, który zdumiewał uczniów Bena. Götz Aly (niemiecki historyk i dziennikarz, ur. 1947) zwrócił uwagę, że reżim nazistowski sprawił, że jego obywatele, zwłaszcza ci biedniejsi, czuli się równi w podziale żywności i pieniędzy. Hitler opodatkował także najbogatszych członków społeczeństwa i wzmocnił Reichsmarkę (oficjalną walutę Republiki Weimarskiej). Obywatele żydowscy zostali pozbawieni praw własności, co jeszcze bardziej napompowało rządową kasę. Wielu Niemców korzystało z materialnych wygód oferowanych przez reżim hitlerowski, ponieważ cieszyli się lepszą jakością życia przy mniejszym zaangażowaniu osobistym.

Młodzież Hitlera

Kiedy Ben postanawia zakończyć eksperyment, opowiada o młodych ludziach w Niemczech, którzy tak jak jego uczniowie byli całkowicie oddani swojej sprawie.

W ramach dążenia do militaryzacji Niemiec Hitler rozwiązał wszystkie istniejące stowarzyszenia młodzieżowe i stworzył Młodzież Hitlera. W 1936 roku wprowadził obowiązek członkostwa. Celem organizacji było zapewnienie młodzieży fizycznej, moralnej i intelektualnej edukacji zgodnej z ideami nazistowskimi. Członkowie byli podzieleni według płci i wieku: chłopcy zapisywali się w wieku sześciu lat, w wieku dziesięciu lat składali przysięgę na wierność Hitlerowi i uczestniczyli w Młodzieży Hitlera do 18 roku życia, kiedy to wstępowali do służby pracy lub do wojska, podczas gdy dziewczęta przechodziły podobny system między 10 a 21 rokiem życia.

Kiedy wybuchła druga wojna światowa, młodzi ludzie pomagali strażakom, pracowali w fabrykach i ewakuowali młodsze dzieci podczas bombardowań. Wysyłano ich także na front: tak mocno wierzyli w idee nazistów, że byli gotowi zginąć, aby powstrzymać postępy aliantów.

Obozy koncentracyjne i Holocaust

Niemcy nie wymyślili obozów koncentracyjnych. Podobne obozy (takie jak prowadzone przez Brytyjczyków obozy w Afryce Południowej w czasie II wojny światowej [1899-1902] czy sowiecki system obozów reedukacyjnych) były wcześniej wykorzystywane przez różne i ulepszyłem system. Pierwszym nazistowskim obozem koncentracyjnym był Dachau, który został otwarty w marcu 1933 r. Celem było wykorzystanie pracy przymusowej i strachu do zdemoralizowania więźniów i zmuszenia ich do poddania się ideologii partii nazistowskiej. Więźniowie poddawani są surowej dyscyplinie w brudnym środowisku, zamknięci i otoczeni elektrycznymi płotami.

Od 1939 roku w komorach gazowych niszczono tych, których uznano za nieprzydatnych dla projektu nazistowskiego, tj. chorych psychicznie, Żydów, Romów i Słowian. Ich ciała następnie spalono w krematorium.

Od 1942 roku Niemcy organizują "ostateczne rozwiązanie", zwane też Holokaustem, w nawiązaniu do biblijnego epizodu ofiary ze zwierzęcia w ogniu. Żydzi nazywają to Shoah, co po hebrajsku oznacza "wielką powódź" lub "katastrofę". Po przybyciu do obozów Żydzi zostali podzieleni na dwie grupy. Ci, którzy mogą pracować i muszą być wyzyskiwani na śmierć, a ci, którzy nie mogą pracować (kobiety, dzieci, osoby starsze) są kierowani bezpośrednio do komór gazowych udających prysznice. Skonfiskowano im cały dobytek i rzeczy osobiste. Inni byli torturowani podczas eksperymentów medycznych.

Historycy szacują, że w obozach zamordowano około 12 milionów ludzi. Skala tej masakry nie byłaby możliwa bez współpracy krajów okupowanych przez Niemcy w czasie wojny. Na przykład reżim Vichy (1940-1944) we Francji uchwalił prawa antysemickie i zorganizował obławy, takie jak słynne oblężenie Vel'd'Hiv w Paryżu w 1942 roku.

POJĘCIE GRUPY W PSYCHOLOGII SPOŁECZNEJ

Psychologia społeczna

W latach pięćdziesiątych amerykański psycholog Gordon Allport (1897-1967) zdefiniował psychologię społeczną jako próbę zrozumienia i wyjaśnienia myśli, uczuć i zachowań osób dotkniętych chorobą poprzez ukrytą, jawną lub wyimaginowaną obecność innej osoby. Jego celem jest zrozumienie wpływu lub wpływu społeczeństwa na jego poszczególnych członków.

Po drugiej wojnie światowej, kiedy ludzie próbowali dowiedzieć się, jak mogło dojść do takich zbrodni, wielu badaczy przeprowadziło eksperymenty, próbując wyjaśnić, dlaczego tak wielu ludzi ślepo podąża za człowiekiem i jego rządem. Dwa najbardziej znane eksperymenty to:

- **Eksperymenty konformistyczne Ascha z** lat 50-tych, które wykazały, że jednostki mają tendencję do dostosowywania się do pomysłów reszty grupy. Jeden z takich eksperymentów polegał na podaniu pozornie prostego testu wizualnego osobie badanej, która miała udzielić swojej odpowiedzi po tym, jak kilku innych uczestników, którzy brali udział w eksperymencie, udzieliło tej samej błędnej odpowiedzi. Ponad 75% badanych przynajmniej raz udzieliło tej samej odpowiedzi co większość, nawet jeśli nie byli przekonani o jej poprawności. Nawet jeśli nie podlegają zewnętrznym motywacjom lub karom, jednostki mogą ulec wpływowi grupy i postąpić wbrew swoim wartościom, aby się podporządkować.

- **Eksperyment Milgrama**, w którym wykorzystano reklamy do rekrutacji uczestników do pozornie eksperymentu dotyczącego skuteczności kar w zapamiętywaniu. Jednak prawdziwym celem Milgrama było sprawdzenie gotowości jednostek do posłuszeństwa władzy. Uczestnicy rekrutowani za pośrednictwem reklam zostali mianowani nauczycielami, a uczniowie odgrywali role aktorów. Nauczyciele musieli dawać uczestnikom coraz większe (a przez to coraz bardziej niebezpieczne) wstrząsy napięcia za każdym razem, gdy udzielili błędnej odpowiedzi (wstrząsy były błędne, ale nauczyciel o tym nie wiedział). Wyniki eksperymentu były niepokojące: Wszyscy uczestnicy zgodzili się rozpocząć eksperyment i zadać ból jednemu nieznajomemu, a około 60% doznało ostatecznego szoku, który, jak im powiedziano, był wystarczająco silny, by zabić drugiego. Nawet ci, którzy odmówili ukończenia eksperymentu, byli gotowi zadać wstrząs wysokiego napięcia. Ten eksperyment był powtarzany wiele razy, w tym w 2009 roku (we Francji), z podobnymi wynikami.

Wydarzenia, które zainspirowały powieść Strassera, miały miejsce wkrótce po przeprowadzeniu tych dwóch eksperymentów. Eksperyment w Cubberly High School w 1967 roku potwierdził wyniki, które naukowcy uzyskali wcześniej w swoim laboratorium. Ron Jones, nauczyciel, który przeprowadził eksperyment, udowodnił w ten sposób, że ruchy totalitarne wciąż mogą wpływać na ludność.

Motywacje

Eksperymenty te pokazują, jak potężna może być presja rówieśników i autorytety (takie jak naukowcy w eksperymencie Milgrama). Ułatwia to zrozumienie, w jaki sposób te dwa czynniki wpłynęły na Niemców podążających za nazistami.

Ludzie początkowo wierzyli Hitlerowi ze względu na treść jego przemówień. Podkreślając utraconą wielkość Niemiec i ich mieszkańców oraz biedę, która pustoszyła kraj, zwrócił się do Niemców, których jakość życia wydawała się niepewna. Ale te same warunki nie dotyczyły amerykańskich licealistów w latach 60., co rodziło pytania, dlaczego postąpili w ten sposób i czy sam autorytet wystarczył, aby ich przekonać.

Trzy hasła Bena: "Siła przez dyscyplinę", "Siła przez wspólnotę" i "Siła przez działanie" dają członkom Fali poczucie przynależności. Sukcesy systemu inspirują nowych uczniów, nawet tych, którzy początkowo nie byli przekonani, do przyłączenia się do ruchu, przynajmniej tymczasowo.

Bez ruchu studenci zawsze szukali uznania, popularności i sukcesu. Próbowali znaleźć poczucie tożsamości w swojej szkole średniej. Nie było poczucia jedności, małe kliki popularnych studentów decydowały, kogo przyjąć, a kogo odrzucić lub wyśmiać. Nie, ale nastąpił prawdziwy rozłam. Dzięki The Wave te podziały znikają, a ich miejsce zajmuje poczucie całkowitej równości i chęć wspólnego rozwoju. Naturalnie, wrażliwi młodzi ludzie i niektórzy dorośli zostali wciągnięci do tej dużej, zorganizowanej i pozornie zwykłej grupy, czując się niezwyciężonymi.

Ben zdaje sobie sprawę z symbolicznej siły, jaką ma postawienie Briana, jednego z popularnych studentów, i Roberta, społecznego wyrzutka, na równi, poprzez uczynienie ich obu monitorami. Ich zadaniem jest pilnowanie, by członkowie grupy przestrzegali jej zasad i w razie potrzeby zgłaszanie wszelkich wykroczeń. Ben daje swoim uczniom do zrozumienia, że każdy jest ważny, niezależnie od tego, jak bardzo jest popularny, i wysyła im potężny komunikat, że ich pozycja społeczna nie jest stała i może się zmienić (na przykład Robert był kiedyś wyrzutkiem, ale teraz jest głównym członkiem grupy).

OBOWIĄZEK PAMIĘCI: PAMIĘTANIE I ROZUMIENIE

Na koniec eksperymentu Ben mówi:

> *"Jeśli nasz eksperyment się powiódł – a myślę, że widać, że tak – nauczysz się, że wszyscy jesteśmy odpowiedzialni za własne działania i że zawsze należy kwestionować to, co się robi, zamiast ślepo podążać za liderem. [...] Mam nadzieję, że jest to lekcja, którą wszyscy będziemy dzielić przez resztę naszego życia. Jeśli jesteśmy mądrzy, nie odważymy się o niej zapomnieć." (str. 135-136)*

Stwierdzenie to przywołuje pojęcie obowiązku pamiętania. Musimy pamiętać o okrucieństwach historii, aby nigdy się nie powtórzyły. Jest to jednak złożona koncepcja, która dzieli zarówno historyków, jak i polityków. Aby przeciwdziałać negowaniu Holokaustu (przekonaniu, że masowe mordy na Żydach nigdy nie miały miejsca i że komory gazowe nigdy nie istniały), niektóre kraje, takie jak Francja, Belgia i Niemcy, uznały Holokaust we własnych prawach. Zdecydowałem się to przyznać. Jednak wielu ekspertów, w tym włoski pisarz i były więzień obozu koncentracyjnego Primo Levi, twierdzi, że zrozumienie faktów jest ważniejsze niż zapamiętywanie ich.

Fala pokazuje nam, że obowiązek pamięci wiąże się z czymś więcej niż tylko z pamiętaniem o Holokauście: musimy również starać się zrozumieć okrucieństwa popełnione przez nazistowskie Niemcy, aby nigdy więcej się nie powtórzyły.

DALSZA REFLEKSJA

KILKA PYTAŃ DO PRZEMYŚLENIA...

* Posługując się przykładami innych społeczności, nakreśl zagrożenia i zalety grup.

* Brytyjski filozof i ekonomista John Stuart Mill (1806-1873) zauważył kiedyś: "Prawo do wymachu moją pięścią kończy się tam, gdzie zaczyna się nos drugiego człowieka. W jaki sposób *The Wave*" ilustruje tę uwagę?

* Według Bena Rossa, jaką rolę pełni historia? Twoim zdaniem, jaki jest sens uczenia się o niej?

* Kiedy Ben rozpoczyna swój eksperyment, stwierdza, że jego uczniowie "faktycznie zmieniają się w istoty ludzkie" (s. 53). Jaki obraz człowieczeństwa tworzy? Używając innych tekstów do poparcia swojej odpowiedzi, jak zdefiniowałbyś bycie człowiekiem?

* Co to jest kult? Jakie są jego cechy charakterystyczne? Czy The Wave jest kultem? Uzasadnij swoją odpowiedź.

* Dlaczego członkowie The Wave chcą nawrócić wszystkich na swój sposób myślenia?

* Ta książka pokazuje, że ruchy totalitarne mogą istnieć do dziś. Czy możesz wymyślić jakieś inne przykłady, które to ilustrują? Jak możemy się chronić przed tym zagrożeniem?

- Na podstawie książki i historii wyjaśnij, co odróżnia reżim demokratyczny od totalitarnego. Jakie elementy są potrzebne do przejścia z jednego na drugi?

- Co ma na myśli Carl, kiedy mówi: "Wygląda na to, że natknąłem się na strych Anne Frank" (s. 90)?

- Jeśli Ben sam nie powstrzymałby tego ruchu, co mogłoby pójść nie tak? Wyjaśnij swoją odpowiedź, biorąc za przykład Roberta Billingsa. Wyobraź sobie, co mogłoby się stać, gdyby dyrektor Owens sam rozwiązał ruch.

PRZECZYTAJ TAKŻE

WYDANIE REFERENCYJNE

Strasser, T. (2013) *The Wave*. New York: Ember.

BADANIA REFERENCYJNE

Allport, G. W. (1954) Rys historyczny współczesnej psychologii społecznej. In: Lindzey, G. and Aronson, E., eds. *The Handbook of Social Psychology*. Boston: Addison-Wesley.

Aly, G. (2016) *Hitler's Beneficiaries: Plunder, Racial War and the Nazi Welfare State*. Trans. Chase, J. London/New York: Verso.

ADAPTACJE

Fala (The Wave) (2008) [Film]. Dennis Gansel. Dir. Niemcy: Rat Pack Filmproduktion.

Chcemy usłyszeć od Ciebie, co się dzieje!
Zostaw komentarz na temat swojej internetowej biblioteki
i podziel się swoimi ulubionymi książkami w mediach społecznościowych!

www.50minutes.com

Master ISBN: 9782808693622
Papierowy ISBN: 9782808615020
Depozyt prawny: D/2023/12603/1782

Verhaal: © Primento

Projekt cyfrowy: Primento, cyfrowy partner wydawców.